# BEI GRIN MACHT SICH IHR WISSEN BEZAHLT

AF141786

- Wir veröffentlichen Ihre Hausarbeit,
  Bachelor- und Masterarbeit

- Ihr eigenes eBook und Buch -
  weltweit in allen wichtigen Shops

- Verdienen Sie an jedem Verkauf

## Jetzt bei www.GRIN.com hochladen
## und kostenlos publizieren

Lynn Bay

# "Die Verwandlung" von Franz Kafka: Kurzbiographie, Inhaltsangabe und Interpretation

GRIN Verlag

**Bibliografische Information der Deutschen Nationalbibliothek:**

Die Deutsche Bibliothek verzeichnet diese Publikation in der Deutschen National-bibliografie; detaillierte bibliografische Daten sind im Internet über http://dnb.d-nb.de/ abrufbar.

**Impressum:**

Copyright © 2012 GRIN Verlag GmbH
Druck und Bindung: Books on Demand GmbH, Norderstedt Germany
ISBN: 978-3-656-54839-3

**Dieses Buch bei GRIN:**

http://www.grin.com/de/e-book/265157/die-verwandlung-von-franz-kafka-kurzbio-graphie-inhaltsangabe-und-interpretation

**GRIN - Your knowledge has value**

Der GRIN Verlag publiziert seit 1998 wissenschaftliche Arbeiten von Studenten, Hochschullehrern und anderen Akademikern als eBook und gedrucktes Buch. Die Verlagswebsite www.grin.com ist die ideale Plattform zur Veröffentlichung von Hausarbeiten, Abschlussarbeiten, wissenschaftlichen Aufsätzen, Dissertationen und Fachbüchern.

**Besuchen Sie uns im Internet:**

http://www.grin.com/

http://www.facebook.com/grincom

http://www.twitter.com/grin_com

# Inhaltsverzeichnis

# I. Einleitung

„Als Gregor Samsa eines Morgens aus unruhigen Träumen erwachte, fand er sich in seinem Bett zu einem ungeheuren Ungeziefer verwandelt."[1] So beginnt Kafkas Erzählung Die Verwandlung und stellt den Leser damit vor vollendete Tatsachen. Der Protagonist Gregor hat sich anscheinend über Nacht verwandelt. Was unmöglich erscheint, ist einfach geschehen. „Das Wunder kommt als Qual. Die Qual existiert mit Eintritt der Erzählung. Sie braucht keine Motivierung. Sie ist da."[2] Und doch fragt man sich, wie es zu ihr kam. Obwohl Kafkas Werk diese Frage niemals ausdrücklich beantwortet, liefern sowohl sein Leben als auch die Erzählung selbst einige Anhaltspunkte, die auf ihre Hitergründe und tiefere Bedeutung schließen lassen. Zweck dieser Arbeit soll es sein, einen Überblick über Kafkas Biographie und verschiedene Interpretationsansätze zur Verwandlung zu geben.

# II. Die Verwandlung

## 1. Franz Kafka – Kurzbiographie

Franz Kafka wird am 3. Juli 1883 als erstes Kind des Kaufmanns Hermann Kafka und seiner Frau Julie, geb. Löwy, in Prag geboren. Im Alter von sechs Jahren besucht er die Volksschule am Fleischmarkt, danach, ab 1893, das Altstädter Gymnasium, das er im Jahr 1901 mit dem Abitur abschließt.

Noch im selben Jahr beginnt er sein Studium an der Deutschen Universität in Prag, wo er zuerst Vorlesungen in den Fachrichtungen Chemie, Germanistik und Kunstgeschichte besucht, bevor er sich für ein Jura-Studium entscheidet. Kafka promoviert und erlangt seinen Doktor der Rechte.

Seinem späteren Freund Max Brod begegnet er 1901.

Das erste Jahr nach seinem Studium verbringt Kafka mit einem Praktikum am Landes- und Strafgericht. 1907 ist er bei einer Versicherungsgesellschaft in Prag angestellt, bei der er ein Jahr bleibt.

Seine erste Veröffentlichung – von kleineren Prosastücken - hat Kafka im Jahr 1908. Seine Werke erscheinen in der Zweimonatsschrift „Hyperion" unter dem Titel „Betrachtungen."

---

[1] Kafka, Franz. „Die Verwandlung" In: *Die Erzählungen und andere ausgewählte Prosa.* Hrsg.: Hermes, Roger. Frankfurt a. M.: S. Fischer Verlag, 2006. S. 96-161. S. 96.
[2] Zit. nach: Born, Jürgen. Kritik und Rezeption zu seinen Lebzeiten. Frankfurt a. M.: S. Fischer, 1979. S. 61.

Im September 1909 reist er mit Max und Otto Brod nach Norditalien. Auf dieser Reise entsteht der Bericht „Die Aeroplane in Brescia", der in der Tageszeitung „Bohemia" veröffentlicht wird.

Weitere Veröffentlichungen von Prosatexten folgten 1910.

Zwischen 1911 und 1912 hält Kafka sich bereits in Heilsanatorien auf und arbeitet u.a. an den Erzählungen „Das Urteil" und „Die Verwandlung" , die 1912 fertig gestellt wird. Ende des Jahres wird außerdem Kafkas erstes Buch; „Betrachtungen", vom Ernst Rowohlt Verlag veröffentlicht.

Am 1. Juni 1914 verlobt Kafka sich mit der Berlinerin Felice Bauer, mit der er regen Briefkontakt hat. Die Verlobung wird allerdings bereit einen Monat später wieder aufgelöst. Im selben Jahr beginnt er den Roman „Der Proceß" zu schreiben und stellt u.a. die Erzählung „In der Strafkolonie" fertig.

Im Jahr darauf erscheint „Die Verwandlung" im Oktoberheft der Zeitschrift „Die Weißen Blätter" und Kafka bekommt die Preissumme des Fontane-Preises als „Zeichen der Anerkennung" von gewinner Carl Sternheim.

1917 verlobt Kafka sich zum zweiten Mal mit Felice Bauer. Im gleichen Jahr, am 4. September, wird allerdings eine Lungentuberkulose bei ihm diagnostiziert. Auch die zweite Verlobung wird im Dezember wieder aufgelöst.

1919 verlobt Kafka sich mit Julie Wohryzek. Im selben Jahr erscheint „In der Strafkolonie" bei Kurt Wolff und der „Brief an den Vater" entsteht.

Ein weiterer Genesungsurlaub, diesmal in Meran, folgt im Jahr 1920 und der Band „Ein Landarzt. Kleine Erzählungen" erscheint. Die Verlobung zu Julie Wohryzek wird im Juli des gleichen Jahres aufgelöst.

Am 1. Juli 1922 wird Kafka pensioniert. Er verbringt einige Zeit in Kuraufenthalten und beginnt den Roman „Das Schloß" zu schreiben.

1923 begegnet er Dora Diamant, mit der er nach Berlin zieht. In dieser Zeit schreibt er u.a. „Eine kleine Frau."

1924 verschlechtert sich der gesundheitliche Zustand Kafkas zunehmend. Er zieht wieder zurück nach Prag, hält sich im April in einem Sanatorium in Niederösterreich auf und kommt anschließend zuerst in eine Klinik in Wien, dann in das Sanatorium Dr. Hugo Hoffman in Kiekerling, wo er schließlich am 3. Juni im Alter von 40 Jahren stirbt.

Am 11. Juni wird er auf dem jüdischen Friedhof in Prag-Straschnitz beerdigt.[3]

## 2. „Die Verwandlung" Inhaltsangabe

In der Erzählung „Die Verwandlung" aus dem Jahr 1912 geht es um Gregor Samsa, einen oft geschäftsreisenden Tuchhändler, der eines Morgens aufwacht und feststellt, dass er sich in eine riesige Kakerlake verwandelt hat. Die Erzählung wurde von Kafka in drei Teile aufgeteilt.

Im ersten Teil wacht Gregor verwandelt auf und ist zuerst einmal nicht dazu in der Lage, zu verstehen, was überhaupt mit ihm geschehen ist. Unfähig aufzustehen und mit seiner besorgten Familie zu kommunizieren, ist Gregor anfänglich noch zu sehr von seinem Ärger über sein Verschlafen und dem bevorstehenden Tadel von seinem Chef abgelenkt, um sich mit seiner Metamorphose zu beschäftigen. Noch während Gregor mit dem Aufstehen kämpft, kommt der Prokurist von seiner Firma und erkundigt sich nach Gregors Verbleiben. Als Eltern und Prokurist schließlich gegen Gregors Willen die Tür öffnen, breitet sich unter ihnen Entsetzen aus. Gregor will zwar den Prokuristen noch zurückhalten, da er um seine Stelle in der Firma fürchtet, doch sein eigener Vater jagt ihn mit einem Stock in sein Zimmer zurück.

Der zweite Teil beginnt erneut mit Gregors Erwachen, diesmal am Abend. Er stellt fest, dass eines seiner Beinchen verletzt ist, dass man ihm aber Essen gebracht hat. Mit der Milch, die ihm, so vermutet Gregor, seine Schwester, Grete, ins Zimmer gestellt hat, kann Gregor allerdings wenig anfangen. Am nächsten Morgen kommt sie allerdings wieder in sein Zimmer und bringt ihm andere Nahrung. Daraufhin merkt Gregor, dass ihm nur verdorbenes Essen schmeckt, welches seine Schwester ihm weiterhin täglich bringt, und zwar immer mit so viel Vorwarnung, dass Gregor sich verstecken kann, bevor sie das Zimmer betritt, damit sie ihn nicht sehen muss.

Die Familie ist nach Gregors Verwandlung in finanziellen Schwierigkeiten, da der Sohn sie mit seinem Einkommen ernährt hatte.

Während sich Grete um Gregor kümmert, indem sie ihm Wasser und Futter bringt und sein Zimmer aufräumt, obwohl sein Anblick sie auch weiterhin erschreckt und abstößt, kommen die Eltern ihn monatelang nicht besuchen, bis sie eines Tages beschließen, Gregors Zimmer auszuräumen.

---

[3] Vgl. Schillemeit, Jost. „Biographische Skizze" In: Kafka, Franz. Der Verschollene. Fischer Taschenbuch Verlag: Frankfurt a. M., 2004. S. 329-32. S.329ff.

Gregor stellt sich zwar vor, dass er im leeren Zimmer besser kriechen könnte, fürchtet allerdings, dass mit dem Verlust seiner Besitztümer auch der Verlust seiner Erinnerungen an sein früheres, menschliches Leben einhergehen könnte. Verzweifelt versucht er seine Mutter und seine Schwester davon abzuhalten, ihm alles zu nehmen, indem er sich auf ein Bild an der Wand setzt. Sein Anblick erschreckt seine Mutter so sehr, dass sie in Ohnmacht fällt und als seine Schwester ins Nebenzimmer läuft, um Arznei für sie zu holen, folgt Gregor ihr, was von der Familie als Ausbruchsversuch gedeutet wird. Letztendlich scheucht der Vater ihn umher und bewirft ihn mit Äpfeln – von denen einer in Gregors Rücken stecken bleibt und ihn verletzt – bis die Mutter dazwischen geht und Gregor das Bewusstsein verliert.

Im dritten Teil leidet Gregor an seiner Wunde, während die Familie in finanziellen Nöten ist. Mittlerweile müssen alle Familienmitglieder arbeiten und sind müde und erschöpft. Eine alte Witwe, die für die Familie als Bedienerin arbeitet, sieht Gregor und beschimpft ihn als „alten Mistkäfer." Gregor verliert die Lust am Essen und wird immer kraftloser. Die Familie muss schließlich ein Zimmer an drei Herren vermieten, um über die Runden zu kommen. Gregors Zimmer verkommt derweil zur Abstellkammer.

Eines Abends hört Gregor seine Schwester Violine spielen, woraufhin er sein Zimmer verlässt, um ihr zuzuhören. Dabei sehen ihn allerdings die Zimmerherren und kündigen ihre Zimmer aufgrund der „widerlichen Verhältnisse" in der Familie. Grete spricht sich schließlich dafür aus, dass man Gregor loswerden müsse, worauf Gregors Eltern mit Zustimmung reagieren. Der verletzte Gregor schleppt sich in sein Zimmer zurück, wo er kurze Zeit später stirbt. Als die Bedienerin am nächsten Morgen seine Leiche findet, breitet sich in der Familie Erleichterung aus. Die Zimmerherren werden prompt vom Vater hinausgeworfen und auch die Bedienerin soll Entlassen werden. Zum ersten Mal seit Langem verlassen Vater, Mutter und Tochter gemeinsam die Wohnung, um den Tag zu genießen.[4]

## 3.   Einflüsse

Das Motiv der Verwandlung war Kafka nicht unbekannt. Schon in der Antike wurde es verwendet, beispielsweise in Ovids Metamorphosen, einem Text, den Kafka „in Auszügen durch den Schulunterricht" kannte und „obwohl zwischen seiner Geschichte und der antiken Vorlage 'keinerlei direkter genetischer Zusammenhang' besteht"[5], ist das Motiv von „Formen

---

[4] Vgl. Kafka. Die Verwandlung. S. 96-161.
[5] Beicken, Peter. Erläuterungen und Dokumente. Franz Kafka. Die Verwandlung. Reclam: Stuttgart, 2001. S. 74.

[, die sich] in andere Körper Wandel[n]"[6] dort aufgetaucht und von Kafka aufgegriffen worden, wenn auch nicht direkt, sondern wahrscheinlich eher über Nachfahren und mit einigem an Eigeninterpretation, denn „Kafkas Verhältnis zu den antiken Mythen, den biblischen Erzählungen und zu historischen Mythisierungen war geprägt vom Prinzip der Entstellung und Widerrede."[7] DesWeiteren wurde Kafka stark von Märchen beeinflusst, und das, obwohl er sich über die Gattung eher abwertend äußerte - „Warum hasse ich das Wort[, Märchen,] so?"[8] Besonders zu dem Märchen „Hänsel und Gretel" lassen sich einige Parallelen finden:

Hier wie dort siegt der feindliche Familienbund über den 'wertlos' gewordenen Sohn [. . .] Aber dem Triumph Hänsels und Gretels über die Hexe, also den negativen Aspekt der 'gespaltenen' Mutter, steht Gregors Alleingelassewerden durch die Schwester gegenüber. Die Wunderwelt des Märchens, wo das Anvertrauen an fremde, zunächst unheimliche Mächte meist mit glücklichem Ausgang belohnt wird, dient Kafkas Geschichte allenfalls als Kontrastfolie. Seine Verwandlung entstellt jedwedes Märchenschema der entzaubernden Rückverwandlung und destruiert entsprechende Lebenserwartungen, mögen sie auch nur unterschwellig aktiviert werden.[9]

Kafka schreibt also bestenfalls „Antimärchen".[10]

Nähere Verwandtschaft besteht zwischen Kafkas Erzählung und Dostojewsis Der Doppelgänger. Es ist davon auszugehen, dass Kafka Dostojewskis Werk bekannt war.[11] Gerade die Anfänge der beiden Geschichten verlaufen sehr ähnlich. Sowohl Kafkas Protagonist als auch Dostojewskis „erwachen aus unruhigen Träumen, fühlen sich krank und stellen eine Veränderung ihrer Realität fest, die mit Einschränkung, Schwäche und Schmerz einhergeht."[12] Außerdem stehen beide unter sozialem Druck und leiden unter Ängsten, die eng mit ihrem Arbeitsverhältnis zusammenhängen.[13]

---

[6] Ovid. Metamorphosen. Prooemium.
  http://www.gottwein.de/Lat/ov/met01de.php?submit=lateinisches+Original aufgerufen am 22. 09. 12. Z.1
[7] Beicken. S. 77.
[8] Zit. nach Beicken. S. 77.
[9] Zit. nach Beicken. S.78.
[10] Zit. nach Beicken. S. 77.
[11] Vgl. Kafka Handbuch – Leben – Werk – Wirkung. Hrsg. Auerochs, Bernd und Manfred Engel. Metzler: Stuttgart, 2010. S. 164.
[12] Kafka Handbuch. S. 164.
[13] Vgl. ebd. S.164.

## 4. Interpretation

### 4.1 Tiermetapher

„Das Tier ist uns näher als der Mensch. Das ist das Gitter. Die Verwandtschaft mit dem Tier ist leichter als die mit dem Menschen."[14] So äußerte sich Kafka über das Verhältnis zwischen Mensch und Tier. Seinen Protagonisten verwandelt er in einen großen Käfer, ein Tier, das dem Menschen weniger nahesteht, als dass es unter seinen Füßen herumkriecht. Am Morgen seiner Verwandlung befindet Gregor sich jedenfalls in folgendem Zustand:

Er lag auf seinem panzerartig harten Rücken und sah, wenn er den Kopf ein wenig hob, seinen gewölbten, braunen, von bogenförmigen Versteifungen geteilten Bauch, auf dessen Höhe sich die Bettdecke, zum gänzlichen Niedergleiten bereit, kaum noch erhalten konnte. Seine vielen, im Vergleich zu seinem sonstigen Umfang kläglich dünnen Beine flimmerten ihm hilflos vor den Augen.[15]

Gregor hat seine Menschlichkeit verloren und mit ihr, zumindest im ersten Moment, die Fähigkeit aufzustehen. Weitere Einschränkungen kommen wenig später zum Vorschein:

Gregor erschrak, als er seine antwortende Stimme hörte, die wohl unverkennbar seine frühere war, in die sich aber, wie von unten her, ein nicht zu unterdrückendes, schmerzliches Piepsen mischte, das die Worte förmlich nur im ersten Augenblick in ihrer Deutlichkeit beließ, um sie im Nachklang derart zu zerstören, daß man nicht wußte, ob man recht gehört hatte.[16]

Er kann nicht mehr mit seiner Familie kommunizieren. Was Kafka als „leichter" bezeichnet, stellt sich als unkomplizierter heraus. In seiner Verwandtschaft mit den Menschen, die ihn umgeben, war Gregor gezwungen, gewisse Aufgaben zu übernehmen und Ansprüchen gerecht zu werden. Als Tier fällt all das weg. Er ist einerseits befreit, andererseits allerdings fast vollkommen ausgeschlossen.

Der Käfer ist und bleibt etwas 'Fremdes', das sich nicht in die menschliche Vorstellungswelt einfügen lässt. Dies einzig ist sein Sinn. Er ist das schlechthin Andere, Unverstehbare, durch kein Fühlen und Vorstellen zu Erreichende. Er 'kann nicht einmal von der Ferne gezeichnet

---

[14] Zit. nach Beicke. S. 71.
[15] Kafka. Die Verwandlung. S. 96.
[16] Ebd. S. 99.

werden', nicht nur im Sinne der bildenden Kunst, sondern auch der nachzeichnenden Interpretation. Er ist interpretierbar nur als das Uninterpretierbare.[17]

Kafkas Anspruch, dass der Käfer nicht gezeichnet werden dürfe, ist interessant, da er dem Tier jegliche physische Form verweigert. Kafkas Käfer ist weniger tatsächliches Tier als Verkörperung von Gregors Entfremdung, in gewisser Weise seinem bevorstehenden Verschwinden (das am Ende schließlich durch den Tod eintritt), dem Austritt aus dem sozialen Leben. Dass er zu etwas Ekelhaften, einem „Mistkäfer"[18], der aber nicht näher beschreibbar ist, wird, kann man auch weniger wörtlich verstehen, nämlich als Symbol für eine andersartige Verwandlung:

Denn die Fiktion des widerlichen Tieres besteht ja nur gleichnishaft, und wir müssen doch wohl annehmen, dass dieses Bild den für die Familie nicht mehr erkennbaren, den hoffnungslos in die Isolation hineingedrängten Menschen meint, einen Menschen also, der noch da ist, der aber nicht mehr als er selbst gesehen, nicht mehr vernommen wird, den Menschen, der in seiner Krankheit auch noch das Primitive und zugleich Unschuldige des Tierhaften auf sich genommen hat, der aber wie in der Maske eines 'Ungeziefers' erlebt wird, und zwar dergestalt, dass die ihm Nahestehenden mehr und mehr die Maske für die Person selbst halten. [. . .] Es handelt sich natürlich um keine organische, sondern weit mehr um eine psychische Erkrankung, jedoch um eine, die bestimmte soziale Konsequenzen hat.[19]

Das Tier als Metapher für psychische Krankheit? Bei Dostojewski wurde der Doppelgänger in ähnlicher Weise verwendet. Wie bei einer Erkrankung scheidet Gregor auch durch seine Verwandlung zum Käfer aus dem Berufsleben aus und wird zur Belastung für seine Familie, die plötzlich wieder dazu gezwungen ist, für ihren eigenen Unterhalt und auch noch Gregors aufzukommen. Außerdem tritt Gregors Verwandlung auch über Nacht und unmotiviert auf, wie es bei einer Erkrankung (ob nun psychischer oder physischer Natur) ebenso der Fall sein kann. Auch scheint sich Gregors Lage, sein Niedergang und die Entmenschlichung mit Fortschreiten der Erzählung zuzuspitzen, indem seine „Tiergestalt einer zunehmenden Schmutzüberhäufung unterliegt, bis er am Ende tot und verdorrt zum *Zeug* [. . .] verkommen ist"[20]

---

[17] Emrich, Wilhelm. Franz Kafka. Frankfurt a. M.: Athenaion, 1981. S. 126f.
[18] Kafka. Die Verwandlung. S. 145.
[19] Von Wiese, Benno. Die deutsche Novelle von Goethe bis Kafka. Interpretationen. Bd. 2. Düsseldorf: Bagel, 1962. S. 326-330.
[20] Beicke. S. 83.

Die Tiergestalt kann allerdings ebenfalls als Verkörperung der „Nichtsnutzigkeit [. . .], der [Gregor] sich als Aussteiger aus Beruf und Gesellschaft schuldig gemacht hat,"[21] gedeutet werden. Letztendlich verwendet Kafka hier das Bild des Käfers nicht zum ersten Mal. Auch in *Hochzeitsvorbereitungen auf dem Lande* macht der Protagonist eine solche Verwandlung durch, wenn auch nur in seiner Vorstellung.[22]

Ich habe, wie ich im Bett liege, die Gestalt eines großen Käfers, eines Hirschkäfers oder eines Maikäfers, glaube ich.[. . . .]Ich stellte es dann so an, als handle es sich um einen Winterschlaf, und ich presste meine Beinchen an meinen gebauchten Leib. Und ich lisple eine kleine Zahl Worte, das sind Anordnungen an meinem traurigen Körper, der knapp bei mir steht und gebeugt ist. Bald bin ich fertig – er verbeugt sich, er geht flüchtig und alles wird er aufs beste vollführen, während ich ruhe."[23]

Für Raban, den Protagonisten des Fragments, ist die Käfergestalt allerdings nicht das tragische Ende, sondern dient vielmehr als Fluchtmittel – Flucht vor seinen Pflichten und seiner Verantwortung, die er an seinen „traurigen Körper" abgeben kann und sich somit allem Unleidlichen entzieht. Samsas Verwandlung kann nicht unähnlich gesehen werden, jedoch findet er keinerlei Schutz in seinem Insektenkörper.

## 4.2 Deutung der Verwandlung

In den bereits erwähnten Hochzeitsvorbereitungen auf dem Lande bot die imaginäre Verwandlung dem Protagonisten die Möglichkeit sich aus dem Leben zurückzuziehen, Winterschlaf zu halten und seine Arbeit von seinem von ihm gesteuerten Körper ausführen zu lassen, während er sich selbst ausruhte. Für Gregor sieht die Situation ganz anders aus. Wunscherfüllung ist in der Verwandlung nur noch sehr gedämpft – wenn überhaupt – erkennbar. Zwar lassen sich Samsa „in seinem Inneren verborgene Erwartungen"[24] unterstellen, die seine Verwandlung erklären könnten, dennoch ist die tatsächliche Lebenssituation, in der Gregor sich als Käfer befindet, für ihn nicht sehr erfreulich. Es ist allerdings auch nicht so, dass Gregor seinem Menschenleben im ersten Moment besonders nachtrauert. Seine Reflektionen hinsichtlich seines Alltags zeigen seine tiefe Unzufriedenheit: »Ach Gott,« dachte er, »was für einen anstrengenden Beruf habe ich gewählt! Tag aus, Tag ein auf der Reise. Die geschäftlichen Aufregungen sind viel größer, als im eigentlichen

---

[21] Ebd. S. 82.
[22] Vgl. Beicke. S. 101.
[23] Kafka, Franz. Hochzeitsvorbereitungen auf dem Lande. http://gutenberg.spiegel.de/buch/161/3 aufgerufen am 22.09. 12.
[24] Zit. nach Beicke. S. 102.

Geschäft zu Hause, und außerdem ist mir noch diese Plage des Reisens auferlegt, die Sorgen um die Zuganschlüsse, das unregelmäßige, schlechte Essen, ein immer wechselnder, nie andauernder, nie herzlich werdender menschlicher Verkehr. Der Teufel soll das alles holen!«[25]

Als Alleinverdiener in der Familie steht Gregor unter großem Druck. Aus seinen Gedankengängen wird klar, dass er unglücklich mit seiner Situation ist und sich wahrscheinlich Änderung wünscht. Durch seine Verwandlung findet sich Gregor in einer absolut anderen Lage wieder. Alle Verantwortung fällt von ihm ab; seine Pflichten werden für ihn unerfüllbar. Für Kafka selbst war das Berufsleben oft eine Last, derer er sich gern entledigt hätte.

Kafka spielt in dieser Großmetapher durch, was geschehen würde, wenn er sich aus allen unerträglichen gesellschaftlichen Verpflichtungen herauslösen und isoliert nur sich selbst und seinen Phantasien leben würde, er radikalisiert die Schriftsteller-Rolle, indem er sie ihrer Verdienst- und Verknüpfungsmöglichkeiten beraubt.[26]

Ist Gregors Schicksal direkte Folge seines Unwillens sein Leben weiterhin in den Fesseln der Gesellschaft und der Erwartungen seiner Familie zu verbringen? „Die Verwandlung erfüllt Gregors Wunsch, der ihm widerwärtigen Arbeit ledig zu werden."[27] In diesem Fall kann sie als Strafe gesehen werden, ein Szenario, in dem die Erfüllung oder Teilerfüllung eines Wunsches (bewusst oder unterbewusst) ungeahnte Folgen mit sich bringt. Für Kafka wird die pessimistische Schilderung der Folgen damit zum negativen Lebensentwurf, einer Bestätigung der Vermutung, dass der Aussteiger, der sich nicht oder nur sehr wenig am Sozialleben beteiligt, zum Scheitern verurteilt ist. Der Schriftsteller, der nur im dunklen Zimmer schreibt und nicht produktiv oder talentiert genug ist, um seinen Lebensunterhalt zu verdienen, ist nicht lebensfähig – und schlimmer noch ein abstoßender Parasit.

Die Verwandlung vermittelt in Gregors Innerem Widerstreit. Sie stellt die Vermittlung zwischen dem Auflehnungswunsch und dem Drang nach sofortiger Bestrafung dieses Wunsches dar. Vor allem aber schützt die Verwandlung Gregor vor der Selbsterkenntnis. Einer der auffälligsten Umstände der Erzählung ist das Fehlen jeder Neugier bei Gregor, die Ursache seiner Verwandlung herauszufinden.[28]

Für Gregor scheint sich der Wunsch nach Flucht und Auflehnung tatsächlich in der Verwandlung zu manifestieren. „Indem der Dichter aber am Anfang der Erzählung Gregors

---

[25] Kafka. Die Verwandlung. S. 97.
[26] Zit. nach Beicke. S. 113.
[27] Zit. nach Beicke. S. 149.
[28] Zit. nach Beicke. S. 143.

Auflehnungswunsch beschreibt, der nachher unterdrückt und von dem Schuldbewusstsein und der Angst ausgelöscht wird, eröffnet er uns den Zugang zum Geheimnis der Verwandlung."[29] Durch sie ist es ihm außerdem möglich, einer Aussprach mit der Familie zu entgehen. Die Kommunikation zwischen ihm und Mutter, Vater und Schwester bricht mit seiner Verwandlung vollkommen ab und wird auch in der ganzen Erzählung nicht wieder aufgenommen. Vielmehr scheint es, als komme es nur noch zu Missverständnissen:

Aber die Schwester war leider anderer Meinung; sie hatte sich, allerdings nicht ganz unberechtigt, angewöhnt, bei Besprechung der Angelegenheiten Gregors als besonders Sachverständige gegenüber den Eltern aufzutreten, und so war auch jetzt der Rat der Mutter für die Schwester Grund genug, auf der Entfernung nicht nur des Kastens und des Schreibtisches, an die sie zuerst allein gedacht hatte, sondern auf der Entfernung sämtlicher Möbel, mit Ausnahme des unentbehrlichen Kanapees, zu bestehen. [. . . .] Nun, den Kasten konnte Gregor im Notfall noch entbehren, aber schon der Schreibtisch mußte bleiben.[30]

Gegen Gregors Willen werden die meisten Möbel entfernt und sein Versuch, ein gerahmtes Bild zu retten, endet mit der Ohnmacht der Mutter. Zu einer Aussprache kann es definitiv nicht mehr kommen und so bleiben Gregors eigentliche Wünsche ungehört.

Die Verwandlung in einen Käfer kann aber auch in einen anderen Ausganspunkt haben als Gregor selbst. „Gregor wird mit den Augen einer Welt gesehen, die den Wert des einzelnen allein nach dem materiellen Nutzen bestimmt, der aus ihm gezogen werden kann."[31] In der Erzählung, in seiner Interaktion mit der Familie, kristallisiert sich heraus, dass Gregors Bedeutung für seine Familie allein auf seiner Funktion als Geldverdiener basiert. Besonders am Ende, als die Familie erleichtert die Wohnung verlässt und Gregors Überreste zurücklässt, wird klar, dass die emotionale Bindung zu Sohn und Bruder nicht sonderlich stark gewesen sein kann. Gregor wird zum parasitären Ungeziefer, weil die Familie ihn so wahrnimmt, sobald er nicht mehr fähig ist zur Arbeit zu gehen:

sein spontaner Wille, sein echtes Fühlen, sein eigentliches Selbst lehnen sich gegen den Arbeitszwang auf und weigern sich mitzumachen. Aus der Perspektive des Geschäftssystems, dem sich Gregor unterworfen hat, erscheint dieser andere Teil seines Menschseins als unmenschlicher Parasit. Was sich nicht in den Arbeitszwang einordnen lässt, erscheint als Ungeziefer.[32]

---

[29] Ebd. S. 143.
[30] Kafka. Die Verwandlung. S. 132f.
[31] Zit. nach Beicke. S.146.
[32] Zit. nach Beicke. S. 151.

Gregor ist einerseits von der Gesellschaft entfremdet, andererseits aber auch von sich selbst, denn „[sein Körper] entgleitet ihm, ist ihm feindlich. Es kann geschehen, dass der Mensch eines Morgens erwacht, und er ist in ein Ungeziefer verwandelt. Die Fremde – seine Fremde – ist seiner Herr geworden."[33] Gregor ist sich selbst fremd, weil er seinem Inneren keine Stimme gibt. Er leidet, fühlt sich überfordert, unterliegt aber dem Drang seiner Familie nützlich zu sein, weswegen er sich nicht zur Wehr setzt. Dass er dann als Käfer erwacht ist für ihn nicht einmal Anlass nach dem Grund seiner Verwandlung zu fragen. Zu mehr als einem „Was ist mit mir geschehen?"[34] kommt es nicht.

In diesem 'Unfall' findet die verborgene Geschichte von Aggressionen und Schuld ihren sichtbaren Höhepunkt. Beides vereinigt sich und kommt unterscheidbar verbunden zum Ausdruck in dem Verhängnis, das denjenigen heimsucht und vernichtet, der es unterlassen hat, den Widerstreit in seinem Innern offen ins Auge zu fassen und seiner Herr zu werden.[35]

Gregor flieht vielleicht auch vor sich selbst, wenn er sich in einen Käfer verwandelt und dann unreflektiert den Rest seiner Tage damit verbringt, die Wände entlang zu kriechen. „Die Unfähigkeit, ein normal bürgerliches Leben zu führen"[36] zusammen mit der Unfähigkeit, sie sich einzugestehen, kann als Grund für die Verwandlung gesehen werden, wobei der Text selbst natürlich nie mehr als Subtext liefert.

Ob Wunscherfüllung oder nicht, Gregors Existenz als Tier führt nicht zur Freiheit. In seinem Zimmer eingesperrt, kann er nicht einmal das Haus verlassen. „Da Gregors neue 'Freiheit' eine tierische ist, kann sie sich nur negativ ausdrücken. [. . . .]diese Freiheit ist sinnlos, ein zielloses an der Decke und den Wänden herumkriechen. Sie ist nicht zielgerichtete Tätigkeit: sie ist unschöpferisch und daher keine menschliche Freiheit."[37] Gregor ist gefangen, hat seine „berufliche Knechtschaft mit Isolierungshaft in der Familie"[38] vertauscht und scheitert am Ende. Als Gregor stirbt, tut er das in einer Weise, die die Frage aufwirft, ob er nun gescheitert ist, oder ob er einfach seine Flucht vollendet hat.

Seine Meinung darüber, daß er verschwinden müsse, war womöglich noch entschiedener, als die seiner Schwester. In diesem Zustand leeren und friedlichen Nachdenkens blieb er, bis die Turmuhr die dritte Morgenstunde schlug. Den Anfang des allgemeinen Hellerwerdens

---

[33] Zit. nach Beicke. S. 139.
[34] Kafka. Die Verwandlung. S. 96.
[35] Zit. nach. Beicke. S. 143f.
[36] Zit. nach Beicke. S. 112.
[37] Zit. nach Beicke. S. 150.
[38] Ebd. S. 150.

draußen vor dem Fenster erlebte er noch. Dann sank sein Kopf ohne seinen Willen gänzlich nieder, und aus seinen Nüstern strömte sein letzter Atem schwach hervor.[39]

Heinz Politzer schreibt hierzu:

Gleicherweise ist sein Verenden einem menschlichen Tod verwandter, als er den Nerven der Leser wohltut; das Insekt tilgt sich aus und erinnert in dieser Unterwürfigkeit nicht von ungefähr an Georg Bendemanns Selbsthinrichtung.[40]

Georgs Tod in *Das Urteil* hat in der Tat vergleichbare Züge:

Er schwang sich über, als der ausgezeichnete Turner, der er in seinen Jugendjahren zum Stolz seiner Eltern gewesen war. Noch hielt er sich mit schwächer werdenden Händen fest, erspähte zwischen den Geländerstangen einen Autoomnibus, der mit Leichtigkeit seinen Fall übertönen würde, rief leise: »Liebe Eltern, ich habe euch doch immer geliebt«, und ließ sich hinfallen.[41]

Georg und Gregor denken beide bis zuletzt an ihre Familien, und beide tun es „mit Rührung und Liebe"[42], und das obwohl zumindest ihre Väter sich ihnen gegenüber abweisend verhalten haben – außerdem sind in beiden Fällen die Väter direkt am Tod ihrer Söhne beteiligt. Zusammenfassend kann man folgendes sagen:

Als Schlussfolgerung darf vielleicht die nachstehende Vermutung geäußert werden. Die Verwandlung hätte sich gewiss in keinem der folgenden Fälle ereignet: einerseits, wenn Gregor keine Feindseligkeit gegen Beruf und Chef gehegt hätte, und andererseits, wenn er sich in offener Auflehnung ohne Rücksicht auf die Eltern von seinem Beruf hätte befreien können.[43]

## 4.3    Kafka und Gregor Samsa

Der Protagonist der Erzählung, die Kafka „in dem Jammer im Bett eingefallen ist"[44], Gregor Samsa hat einige Gemeinsamkeiten mit seinem Erschaffer. Kafka selbst soll sich dazu wie folgt geäußert haben: „Samsa ist nicht restlos Kafka. Die Verwandlung ist kein Bekenntnis, obwohl es – im gewissen Sinne – eine Indiskretion ist. [. . . .] Ist es vielleicht fein und diskret, wenn man über die Wanzen der eigenen Familie spricht?"[45] Das eigene Verhältnis zur Familie war für Kafka von Schwierigkeiten geprägt. In einem Briefe an seine Verlobte Felice Bauer

---

[39] Kafka. Die Verwandlung. S. 155.
[40] Politzer, Heinz. Franz Kafka, der Künstler. Frankfurt a. M.: S. Fischer, 1965. S. 105.
[41] Kafka, Franz. Das Urteil. http://gutenberg.spiegel.de/buch/161/6 aufgerufen am 22. 09. 12.
[42] Kafka. Die Verwandlung. S. 155.
[43] Zit. nach Beickel. S. 143.
[44] Zit. nach Beicke. S. 111.
[45] Zit. nach Beicke. S. 72.

schreibt er beispielsweise:„Als Erstgeborener bin ich viel photographiert worden und es gibt also eine große Reihenfolge von Verwandlungen. Von jetzt an wird es in jedem Bild ärger, Du wirst es ja sehn. Gleich im nächsten Bild trete ich schon als Affe meiner Eltern auf."[46] Für Kafka eine Verwandlung, die bis auf den Grund seines Menschseins geht.[47] Der Vergleich mit der Verwandlung in ein Tier, hier einen Affen, fällt auf. Dem Brief an den Vater zufolge neigte Kafkas Vater dazu, Tiervergleiche mit Menschen anzustellen, die ihm nicht passten, vorzugsweise Kafkas Freunde:

Es genügte, daß ich an einem Menschen ein wenig Interesse hatte – es geschah ja infolge meines Wesens nicht sehr oft -, daß Du schon ohne jede Rücksicht auf mein Gefühl und ohne Achtung vor meinem Urteil mit Beschimpfung, Verleumdung, Entwürdigung dreinfuhrst. Unschuldige, kindliche Menschen wie zum Beispiel der jiddische Schauspieler Löwy mußten das büßen. Ohne ihn zu kennen, verglichst Du ihn in einer schrecklichen Weise, die ich schon vergessen habe, mit Ungeziefer, und wie so oft für Leute, die mir lieb waren, hattest Du automatisch das Sprichwort von den Hunden und Flöhen bei der Hand.[48]

Hier Tritt auch das Ungeziefer auf, in das sich Gregor später verwandeln sollte. Kafkas Vater verurteilte es schon, bevor es vom fiktionalen Vater mit einem Apfel getötet wurde. Dass der Sohn diese Redensart in dieser Weise aufgriff, hat vermutlich etwas mit dem äußerst komplizierten Verhältnis zu seinem Vater zu tun. Einmal schreibt Kafka, dass sein Vater und er sich 'einander tapfer [hassen]'. Und die Mutter bemüh[e] sich 'aufgelöst von Weinen' um den Sohn."[49] So drängte sich „Kafkas Gefühl der Ohnmacht und Minderwertigkeit [. . .] ihm verstärkt in seiner Beziehung zum Vater auf, und die Auseinandersetzung mit ihm  vergleicht er mit dem 'Kampf des Ungeziefers, welches nicht nur sticht, sondern zu seiner Lebenserhaltung das Blut saugt.'"[50]

Außerdem befindet sich Kafka wie Samsa in einem Zwiespalt, der seine Existenz betrifft. Zum einen fühlt er sich in seiner Familie ausgeschlossen und unverstanden – so schreibt er: „Ich lebe in meiner Familie, unter den besten, liebevollsten Menschen, fremder als ein Fremder."[51] und sorgt sich um „den für ihn unlösbaren Konflikt zwischen angestrebter Schriftstellerexistenz und normaler Lebensweise innerhalb des Familienbundes."[52] Auch war

---

[46] Ebd. S. 99.
[47] Vgl. ebd. S. 99.
[48] Kafka, Franz. Brief an den Vater. http://gutenberg.spiegel.de/buch/169/1 aufgerufen am 22. 09. 12.
[49] Zit. nach Beicke. S. 111.
[50] Zit. nach Beicke. S. 104.
[51] Ebd. S. 100.
[52] Beicke. S. 100.

er „selbst der Meinung [. . .], er werde, unverheiratet und literarisch unproduktiv, der eigenen Familie 'nicht fremder, verächtlicher, nutzloser vorkommen' als sich selbst".[53]

Zum anderen schreibt er über sich, dass „[s]ein ganzes Wesen [. . .] auf Literatur gerichtet"[54] sei. Dennoch war auch Kafka gezwungen, seinen Lebensunterhalt in einem anderen Beruf zu verdienen. Binder schreibt zusammenfassend:

aus dem Familienbund herausgetreten, dem Tier gleich, ist [Samsa] dem 'unwiderstehlichsten Zwang das Alleinsein zu erreichen' gefolgt. Das nachweisbare Ineinander von Biographie und Werk legt nahe, dass Kafkas Erzählung 'Die Verwandlung' eine Selbstcharakteristik des Autors aus dem Bereich bloß metaphorischer Gültigkeit in die erzählerische Autonomie einer Selbstbestrafungs- und Entzugsverwandlung überführt hat.[55]

## 4.4 Gregor und seine Familie

Neben der eigentlichen Verwandlung Gregors stehen auch sein Verhältnis zu seiner Familie und die Veränderungen zwischen ihnen im Mittelpunkt der Erzählung. Man kann dabei eigentlich schon fast von „'zwei Verwandlungen', [der] Gregors und [der] seiner Familie"[56] sprechen. Am Anfang der Erzählung, mehr oder weniger in der Vorgeschichte, die dem Leser durch den Erzähler mitgeteilt wird, ist Gregor noch „Kapitalgewinner. Nur in sekundärer Rolle zählt er als Sohn und Bruder."[57] Dieser Ausgangspunkt ist allerdings zu Beginn der Handlung sogleich verloren. Durch die Verwandlung scheidet Gregor aus dem Berufsleben aus und verliert dadurch den Wert für die Familie.

Sokel bemerkt:

Gregors psychische Situation in der Familie wird durch die physische Situation seines Zimmers ganz genau ausgedrückt. Einerseits ist er auf allen Seiten von der Familie umringt, umklammert und eingeschlossen [. . .]. Andererseits ist er aber in der Familie ein völlig Fremder.[58]

Tatsächlich endet Gregor als Gefangener der eigenen Familie – wobei man eigentlich sagen kann, dass er auch schon Gefangener war, noch bevor er überhaupt zum Käfer wurde. Gregor macht mehr als nur eine rein körperliche Verwandlung durch, de facto „wird [er] vom

---

[53] Zit. nach Beicke. 104.
[54] Zit. nach Beicke. S. 100.
[55] Zit. nach Beicke. S. 105.
[56] Ebd. S. 128.
[57] Ebd. S. 150.
[58] Zit. nach Beickel. S. 121.

15

Ernährer zu einer Belastung seiner Angehörigen"[59] Von dem Moment seiner Verwandlung an verschiebt sich das Machtverhältnis in der Familie. Gregor verliert all seine Macht, der Rest der Familie gewinnt sie, wobei anfänglich noch mit Geldproblemen gekämpft werden muss, wodurch „Eindringlinge", die Bedienerin und die Zimmerherren, in die Familie gelangen, doch letztendlich, mit Gregors Tod, wird die Familie befreit. Im Gegensatz dazu bleibt Gregor der „kindlich eifrige Sohn"[60], und das die ganze Zeit. Die äußerliche Verwandlung bringt kaum innerliche Veränderungen mit sich. (Man kann von einer gewissen Rückentwicklung zum Infantilen[61] sprechen, doch Gregor zeigte sich niemals anders; natürlich ist es nicht leicht, sich ein Bild von Gregor vor der Verwandlung zu machen, da vom Beginn der Erzählung bis zu ihrem Ende nur der verwandelte Gregor auftritt.)

In ihrem tiefsten Grunde ist die Verwandlung mehr als Abdankung und Demonstration der Hilflosigkeit. Sie ist eine Bitte um Hilfe, ein 'Gebet' um Versöhnung, wie es das Schreiben für Kafka war, ein Flehen um das Niederreißen der Schranken, die seit Gregors Machtposition zwischen ihm und der Familie entstanden waren. Ganz am Anfang der Verwandlung hofft Gregor, obwohl er an diese Hoffnung natürlich nicht glauben kann, dass ihm der Vater helfen würde, aus dem Bett zu kommen.[62]

Gregors Hoffnungen werden enttäuscht, von der Familie erfährt er größtenteils Ablehnung. Sogar das „Zartgefühl"[63] der Schwester, wenn sie ihm Abfälle vorsetzt wird von ihm noch falsch interpretiert.[64] Für Gregor gibt es nur einen Ausweg: „Gregors Bestimmung [. . .] ist es, durch seinen Tod, nicht durch sein Leben mit der Gruppe, der Familie versöhnt zu sein."[65] So wird die Familie erst am Ende, nach Gregors Tod in einer Weise beschrieben, die verdeutlicht, dass eine Art Befreiung stattgefunden hat:

Dann verließen alle drei gemeinschaftlich die Wohnung, was sie schon seit Monaten nicht getan hatten, und fuhren mit der Elektrischen ins Freie vor die Stadt. Der Wagen, in dem sie allein saßen, war ganz von warmer Sonne durchschienen. Sie besprachen, bequem auf ihren Sitzen zurückgelehnt, die Aussichten für die Zukunft, und es fand sich, daß diese bei näherer Betrachtung durchaus nicht schlecht waren, denn aller drei Anstellungen waren, worüber sie einander eigentlich noch gar nicht ausgefragt hatten, überaus günstig und besonders für später vielversprechend. Die größte augenblickliche Besserung der Lage mußte sich natürlich leicht

---

[59] Ebd. S. 145.
[60] Zit. nach Beickel. S. 133.
[61] Vgl. Beicken. S. 138.
[62] Zit. nach Beickel. S. 155.
[63] Kafka. Die Verwandlung. S. 120.
[64] Vgl. Beicke. S. 158.
[65] Zit. nach Beicken. S. 156.

durch einen Wohnungswechsel ergeben; sie wollten nun eine kleinere und billigere, aber besser gelegene und überhaupt praktischere Wohnung nehmen, als es die jetzige, noch von Gregor ausgesuchte war. Während sie sich so unterhielten, fiel es Herrn und Frau Samsa im Anblick ihrer immer lebhafter werdenden Tochter fast gleichzeitig ein, wie sie in der letzten Zeit trotz aller Pflege, die ihre Wangen bleich gemacht hatte, zu einem schönen und üppigen Mädchen aufgeblüht war. Stiller werdend und fast unbewußt durch Blicke sich verständigend, dachten sie daran, daß es nun Zeit sein werde, auch einen braven Mann für sie zu suchen. Und es war ihnen wie eine Bestätigung ihrer neuen Träume und guten Absichten, als am Ziele ihrer Fahrt die Tochter als erste sich erhob und ihren jungen Körper dehnte.[66]

Gregors Verwandlung hatte die Familie dazu gezwungen, nicht nur den eigenen Lebensunterhalt zu verdienen, sondern auch noch ihre Zimmer an drei Herren zu vermieten, die sich dort an den Tisch setzen, „wo in früheren Zeiten der Vater, die Mutter und Gregor gegessen hatten"[67] und dadurch die Familie praktisch verdrängen. Nach Gregors Tod werden sie jedoch aus der Wohnung geworfen und auch die Bedienerin wird entlassen.

Das Ende der 'Verwandlung' kündet einen radikalen Umschwung nicht nur des 'Familienglücks' an, wenn man die Entfaltung der Tochter zu einem heiratsfähigen Mädchen als Symbol dafür nimmt, sondern auch eine Verabschiedung der bisherigen Wohnverhältnisse, die vor allem Gregor zustatten gekommen waren.[68]

## III.   Schluss

Kafkas groteske Erzählung *Die Verwandlung* lässt sich nicht vollkommen eindeutig entschlüsseln. Man kann an Kafkas Absicht, sie zusammen mit *Das Urteil* und *In der Strafkolonie* in einem Band mit dem Titel Strafen zu veröffentlichen[69], allerdings vielleicht erahnen, welche Bedeutung sie für den Autor hatte.

---

[66] Kafka. Die Verwandlung. S. 160f.
[67] Kafka. Die Verwandlung. S. 147.
[68] Zit. nach Beicke. S. 126.
[69] Vgl. Beickel. S. 112.

# IV. Bibliographie

**Primärliteratur:**

Kafka, Franz. „Die Verwandlung" In: *Die Erzählungen und andere ausgewählte Prosa.* Hrsg.: Hermes, Roger. Frankfurt a. M.: S. Fischer Verlag, 2006. S. 96-161.

Kafka, Franz. *Brief an den Vater.* http://gutenberg.spiegel.de/buch/169/1 aufgerufen am 22. 09. 12.

Kafka, Franz. *Das Urteil.* http://gutenberg.spiegel.de/buch/161/6 aufgerufen am 22. 09. 12.

Kafka, Franz. *Hochzeitsvorbereitungen auf dem Lande.* http://gutenberg.spiegel.de/buch/161/3 aufgerufen am 22.09. 12.

Ovid. *Metamorphosen.* http://www.gottwein.de/Lat/ov/met01de.php?submit=lateinisches+Original aufgerufen am 22. 09. 12

**Sekundärliteratur:**

Beicken, Peter. *Erläuterungen und Dokumente. Franz Kafka. Die Verwandlung.* Reclam: Stuttgart, 2001.

Born, Jürgen. *Kritik und Rezeption zu seinen Lebzeiten.* Frankfurt a. M.: S. Fischer, 1979.

Emrich, Wilhelm. Franz Kafka. Frankfurt a. M.: Athenaion, 1981.

*Kafka Handbuch – Leben – Werk – Wirkung.* Hrsg. Auerochs, Bernd und Manfred Engel. Metzler: Stuttgart, 2010.

Politzer, Heinz. *Franz Kafka, der Künstler.* Frankfurt a. M.: S. Fischer, 1965. S. 105.

Schillemeit, Jost. „Biographische Skizze" In: Kafka, Franz. *Der Verschollene.* Fischer Taschenbuch Verlag: Frankfurt a. M., 2004. S. 329-32.

Von Wiese, Benno. *Die deutsche Novelle von Goethe bis Kafka. Interpretationen.* Bd. 2. Düsseldorf: Bagel, 1962.